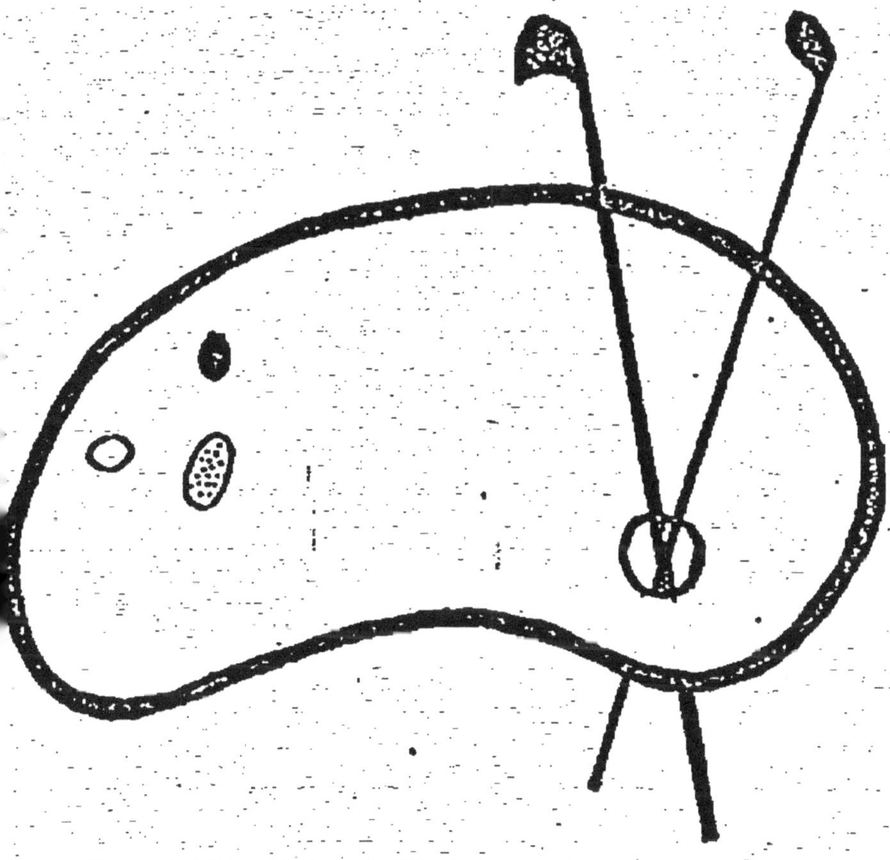

DEBUT D'UNE SERIE DE DOCUMENTS
EN COULEUR

PROGRAMME

HISTORIQUE ET DESCRIPTIF

DES

FÊTES DE TOULOUSE

À L'OCCASION DE LA CANONISATION

DE

SAINTE GERMAINE

ET DE LA TRANSLATION

D'UNE INSIGNE RELIQUE

dans la Basilique de Saint-Sernin

LES 28, 29 & 30 JUILLET 1867

Par Alphonse BREMOND

—

PRIX : 25 CENTIMES.

TOULOUSE

IMPRIMERIE L. HÉBRAIL, DURAND ET Cⁱᵉ

5, Rue de la Pomme, 5

1867

HISTOIRE

DE TOUTES

LES SAINTES RELIQUES

CONSERVÉES

DANS L'INSIGNE BASILIQUE DE SAINT-SATURNIN

Par Alphonse BREMOND

UN VOLUME IN-18. — PRIX : 75 CENTIMES

En vente, chez GARRIGUES, libraire, rue Boulbonne, 17.

EN VENTE, CHEZ L'AUTEUR, RUE PARGAMINIÈRES, 84

LA BERGÈRE DE PIBRAC

OU VIE DE LA

BIENHEUREUSE GERMAINE COUSIN

Par E. BENEZET

**Édition ornée de six gravures — Prix : 1 fr.
par la poste, 1 fr. 25 c.**

Ouvrage approuvé par Monseigneur l'Archevêque de Toulouse.

Toulouse. — Typogr. L. HÉBRAIL, DURAND et Cⁱᵉ, rue de la Pomme, 5.

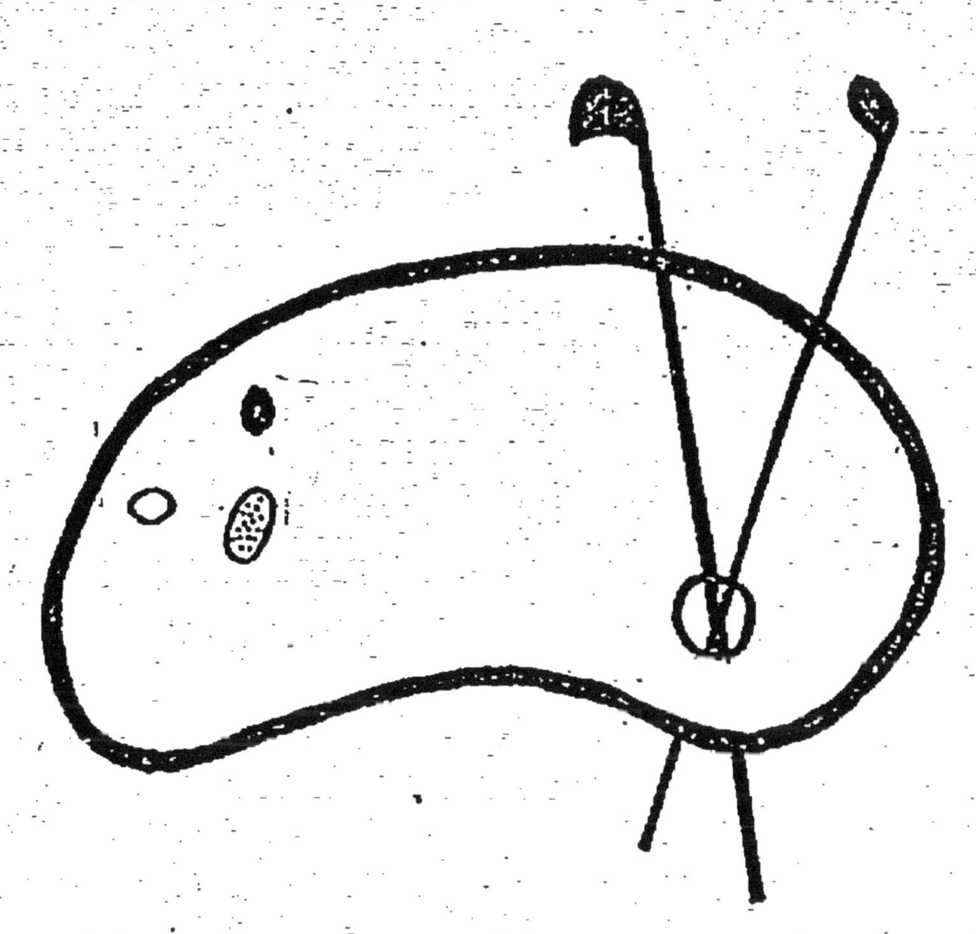

**FIN D'UNE SERIE DE DOCUMENTS
EN COULEUR**

PROGRAMME

HISTORIQUE ET DESCRIPTIF

DES

FÊTES DE TOULOUSE

A L'OCCASION DE LA CANONISATION

DE

SAINTE GERMAINE

ET DE LA TRANSLATION

D'UNE INSIGNE RELIQUE

Dans la Basilique de Saint-Sernin

LES 28, 29 & 30 JUILLET 1867

Par Alphonse BREMOND

PRIX : 25 CENTIMES.

TOULOUSE

IMPRIMERIE L. HÉBRAIL, DURAND ET Cᵉ

5, Rue de la Pomme, 5

1867

PROGRAMME DES FÊTES

Mandement de Mgr L'Archvêque de Toulouse.

Le 12 mai 1867, Mgr l'archevêque de Toulouse, publia une *Lettre pastorale et Mandement à l'occasion de son voyage à Rome, pour assister à la canonisation de la bienheureuse Germaine,* commençant ainsi :

« JULIEN-FLORIAN-FÉLIX DESPREZ, PAR LA GRACE DE DIEU ET DU SAINT-SIÉGE APOSTOLIQUE, ARCHEVÊQUE DE TOULOUSE ET DE NARBONNE, PRIMAT DE LA GAULE NARBONNAISE, PRÉLAT ASSISTANT AU TRÔNE PONTIFICAL, ETC.

« *Au clergé et aux fidèles de notre diocèse, salut, paix et bénédiction en N.-S. Jésus-Christ..... »*

A la suite du Mandement, Monseigneur a rendu l'ordonnance suivante :

« A CES CAUSES,

« Le saint nom de Dieu invoqué, et après nous être concerté, en ce qui les concerne, avec les Dignitaires, Chanoines et Chapitre de notre église métropolitaine,

« Nous avons ordonné et réglé, ordonnons et réglons ce qui suit :

« ART. 1er. — Un *Triduum* solennel en l'honneur de sainte Germaine, vierge du diocèse de Toulouse, canonisée par N. S. Père le pape Pie IX, le 29 juin dernier, sera célébré, dans notre église métropolitaine, les 28, 29 et 30 juillet. Nous publierons en temps opportun une ordonnance détaillée, relative à ces trois jours de fête.

« ART. 2. — A dater du 31 juillet inclusivement, ce *Triduum* sera également célébré dans chacune des églises ou chapelles de notre diocèse ; on pourra choisir l'époque qui paraîtra la plus convenable, pourvu que dans les trois jours il ne se rencontre aucune fête de 1re ou de 2e classe.

« Les prêtres chargés du service de deux églises sont libres de célébrer ce *Triduum* dans l'une et l'autre église.

« Nous permettons à MM. les Curés qui le jugeront opportun de borner la solennité à un seul jour de fête.

« ART. 3. — Tous les fidèles qui s'étant confessés et ayant communié visiteront l'église ou la chapelle dans laquelle se célèbre la solennité ou le *Triduum* et y prieront aux intentions du Souverain-Pontife, gagneront, ledit jour de la solennité ou l'un des jours du *Triduum*, une indulgence plénière. Cette indulgence ne peut être gagnée qu'une fois.

« ART. 4. — Pendant ces trois jours, l'office public et solennel sera tout entier célébré *more votivo* de sainte Germaine avec mémoire du saint ou du dimanche dont on fait l'office privé.

« ART. 5. — Nous permettons d'exposer le très Saint-Sacrement et d'en donner la bénédiction à la fin de l'office du soir seulement.

« ART. 6. — Si on juge à propos de faire, après les vêpres, une procession, on y portera avec le plus de pompe possible la relique de la Sainte, sa statue ou sa bannière.

« Conformément au Rituel romain, on chantera à cette procession les litanies des Saints, en ajoutant trois fois après sainte Anastasie : SANCTA GERMANA, *ora pro nobis;* puis des hymnes, des psaumes, pris du commun des Vierges, et le *Te Deum* que l'on terminera au pied de l'autel avant l'exposition du très Saint-Sacrement, par les versets et oraisons de la Sainte et de l'action de grâces.

« Si la procession n'a pas lieu, le *Te Deum*, avec les mêmes versets et oraison, sera chanté avant le *Tantum ergo*.

« ART. 7. — Si l'on donne à baiser aux fidèles la relique de la Sainte, on ne doit le faire qu'après que les offices seront terminés. Pendant ce temps, il sera permis de chanter des cantiques en langue vulgaire en l'honneur de sainte Germaine.

« ART. 8. — Le jour de la solennité ou l'un des jours du *Triduum*, il sera fait une quête destinée à acquitter les dettes contractées pour subvenir aux frais de la canonisation.

« ART. 9. — Et sera la présente Lettre lue, en une ou deux fois, au choix de MM. les Curés, au prône de la messe paroissiale, dans toutes les églises et chapelles de notre diocèse.

« Donné à Toulouse, sous notre seing, notre sceau et contre-seing du secrétaire-général de l'Archevêché, en la fête du patronage de saint Joseph, 12 mai. »

PRÉCIS HISTORIQUE

Germaine Cousin naquit, vers 1570, dans un petit village du diocèse de Toulouse, appelé Pibrac, et distant de 14 kilomètres de Toulouse. Ses parents, Laurent Cousin et Marie Laroche, étaient de pauvres cultivateurs qui n'avaient d'autre fortune que leur probité et leur esprit de religion. S'il fallait en juger par ce qu'elle devint plus tard, Germaine fut instruite avec le plus grand soin, dès son jeune âge, dans la doctrine chrétienne, et montra de bonne heure une connaissance approfondie des mystères de la foi.

A peine sortie du berceau, elle devint orpheline, et Germaine n'eut plus dès lors d'autre maître que l'Esprit-Saint dans la science de la perfection et dans le chemin de la vertu. Elle parvint ainsi en peu d'années à un degré de sainteté qu'atteignent rarement des âmes qui paraissaient plus versées dans les choses de Dieu, plus avancées dans la vie chrétienne. Son père ne tarda pas à se remarier, et ce fut l'origine de toutes les épreuves qu'elle eut à subir dans la suite, et qui ne finirent qu'à sa mort.

Comme il arrive trop souvent, sa belle-mère, uniquement soucieuse des intérêts de ses propres enfants, laissait la pauvre petite fille dans le plus grand abandon. Germaine était percluse d'une main et atteinte de scrofules : et, soit qu'elle jugeât cette maladie incurable, soit qu'elle craignît les dépenses qu'entraînerait le soin de sa guérison, la marâtre ne voulut jamais s'en inquiéter, et elle lui refusa jusqu'aux choses indispensables dans un état de santé si délicat. Ainsi, au lieu de trouver dans les souffrances de la pieuse enfant un motif de lui témoigner une affection plus tendre et plus compatissante, cette méchante femme n'en conçut pour elle qu'une plus grande aversion. La seule vue de la pauvre infirme la faisait entrer en fureur, et alors, après l'avoir accablée de grossiers outrages et de mauvais traitements, elle la chassait brutalement de sa présence.

Rien dans cette infâme conduite ne pouvait altérer la douceur angélique de Germaine, ni diminuer en rien son respect et son obéissance envers sa belle-mère. Sa figure était toujours souriante et sa physionomie pleine de bonté. Loin de décroître avec le temps, la haine de la marâtre ne fit qu'augmenter tous les jours. Elle contraignit son époux à l'envoyer dans la campagne pour garder les brebis. La vie de la pieuse enfant se passait donc au milieu des champs et dans la solitude des bois, où elle restait constamment exposée aux rigueurs de l'hiver ou aux brûlantes chaleurs de l'été, à la neige, aux vents et à la pluie, sans autre abri que le creux d'un tronc d'arbre, sans autre nourriture qu'un morceau de pain, qu'on lui donnait le matin, en le lui reprochant, et les fruits sauvages qu'elle pouvait recueillir ; sans autre vêtement pour se couvrir qu'une robe qui tombait en lambeaux ; et tout cela, à un âge si tendre, dans un sexe si faible, avec une santé si délabrée. Le plus souvent, la tête découverte et les pieds nus, elle était forcée de traverser des lieux dépourvus de sentiers et couverts de ronces, d'épines et de cailloux, ou des mares d'eau.

Le soir, lorsqu'exténuée par la fatigue, abattue par

la souffrance, elle ramenait son troupeau à la métairie, il fallait qu'elle se contentât du misérable morceau de pain que lui jetait la marâtre ; et plus d'une fois il lui fut refusé. Alors recommençaient les récriminations et les injures, et si parfois il arrivait que la violence de la douleur arrachât une plainte à la pauvre enfant, elle était aussitôt accablée de soufflets et de coups de bâton. L'angélique sérénité de son visage n'en était pas troublée ; elle paraissait se réjouir au contraire de ces humiliations. La nuit, elle s'éloignait, comme une pestiférée, du reste de la famille. Retirée dans un sombre réduit ou dans l'étable, où elle était forcée de prendre son repos, étendue sous un escalier, sur des sarments, pour se soustraire à l'humidité du sol.

Les paysans, de leur côté, ne lui épargnaient pas les épreuves. Les uns, persuadés que l'égalité d'humeur et la douceur constante qu'elle montrait au milieu de ses souffrances, n'étaient que l'effet d'une stupidité naturelle, en faisaient l'objet de leurs risées. Les autres l'accusaient de vouloir se donner la réputation d'une sainte, et ils la traitaient d'hypocrite. Il ne se passait pas de jour où les villageois grossiers et les bergers d'alentour ne prissent un barbare plaisir à tourmenter la pieuse bergère. Ils la suivaient en la montrant du doigt, et, au milieu des huées de tous, ils l'appelaient bigote, sorcière. Mais la sainte ne paraissait aucunement s'en émouvoir. Dans son âme, elle se réjouissait d'être, à l'exemple de son divin Sauveur, l'opprobre des hommes et l'abjection du peuple. Il n'y avait, en effet, que la considération des souffrances du Dieu crucifié, sa grâce et son amour, qui pussent opérer dans cette âme un pareil prodige de vertu.

La solitude et l'obscurité profonde dans lesquelles la pieuse Germaine passa sa vie, n'ont permis d'en connaître que peu de particularités. Ce que nous en savons permet de soupçonner ce qu'on ignore. Dans les anciens documents recueillis pour sa béatification, on rapporte que souvent on la vit agenouillée au pied d'un arbre, en face d'une croix qu'elle avait fait elle-même avec deux petits morceaux de bois. Elle semblait alors absorbée dans la plus sublime contemplation. D'autres fois, ceux qui traversaient la campagne, la trouvaient plongée dans le plus profond recueillement et récitant le chapelet ou des prières. Malgré tous les obstacles et ses infirmités, elle assistait tous les jours au saint sacrifice de la messe, dans l'église de son village. Quand le torrent (le Courbet), qu'elle devait traverser pour s'y rendre, était grossi et rendait tout passage impossible, en un moment elle se trouvait miraculeusemeut transportée sur l'autre rive. Pendant son absence, le Seigneur, par un autre prodige, veillait sur son troupeau. Avant de partir, Germaine plantait en terre sa houlette : les brebis venaient se réunir autour, et elle les retrouvait où elle les avait laissées, quand elle revenait aux champs, tranquilles comme si elles eussent été au bercail.

L'humble Bergère avait la plus tendre dévotion envers la très sainte Vierge. Chaque jour elle récitait le chapelet, et, quelque part qu'elle fût, s'agenouillait pieusement au son de l'Angélus. Elle voyait toujours arriver avec bonheur les fêtes consacrées à la Reine du ciel, et s'y préparait plusieurs jours à l'avance, par un redoublement de ferveur et de piété. Cette dévotion envers Marie, elle s'efforçait de la communiquer à tous autour d'elle, et nous ne saurions douter qu'elle ne lui ait dû cette angélique pureté dont elle conserva jusqu'à la mort le trésor précieux.

Elle brûlait aussi d'un zèle ardent pour le salut du prochain. Elle aimait à réunir autour d'elle les pauvres enfants de la campagne, leur enseignait le catéchisme, leur apprenait à prier et cherchait à leur inspirer le mépris des choses de la terre et l'amour de Dieu. Les pauvres surtout avaient dans son cœur une place de choix : elle partageait avec eux le morceau de pain que lui donnait sa belle-mère. Lorsqu'elle l'apprit, cette marâtre, soupçonnant Germaine d'avoir volé ce pain à la maison paternelle, vint un jour pour la surprendre dans l'exercice de cette charité. Lorsqu'elle aperçoit Germaine, elle l'accable d'injures et la frappe de son bâton. Quelques paysans témoins de cette scène voulaient défendre la pauvre bergère ; on ouvre le tablier de Germaine, mais au lieu du pain qu'on croyait y trouver, il n'en tombe que des fleurs inconnues dans ce pays, et dans une saison où la terre était encore dépouillée à cause des rigueurs de l'hiver. Les deux paysans de Pibrac qui avaient vu le prodige coururent aussitôt en porter la nouvelle au village et proclamer hautement que Germaine était une sainte ; les dispositions des habitants changèrent alors complétement à son égard. On n'avait plus que des éloges pour celle que tout à l'heure on accablait d'injures et de mépris. Son père lui-même, confus et repentant des mauvais traitements auxquels il l'avait soumise, demanda pardon à sa fille. Il adressa les reproches les plus vifs à sa femme, et lui ordonna d'avoir dorénavant les plus grands égards pour Germaine. Il voulut lui rendre sa place à côté de ses frères consanguins au foyer paternel. Mais la sainte enfant, qui mettait sa joie dans la souffrance, pria son père de lui permettre de continuer son genre de vie. Dieu, qui lui réservait dans le Ciel une gloire d'autant plus grande, permit que sa mort fût aussi obscure que l'avait été sa vie. Quelques mois après, c'est-à-dire pendant l'été de 1601, un matin, son père alla, comme à l'ordinaire, l'appeler sous l'escalier où elle avait voulu continuer à prendre son repos. Il la trouva morte sur son lit de sarments : elle avait alors vingt-deux ans.

Au moment où elle mourait, Dieu daigna révéler à trois prêtres la sainteté de l'humble bergère et manifester combien cette mort était précieuse à ses yeux. Dès que la nouvelle s'en fut répandue dans le village de Pibrac, tous les habitants accoururent pour contempler la sainte.

Quarante-trois ans après, en 1644, mourut une personne de la famille de Germaine, qui avait témoigné le désir d'être enterrée auprès de sa parente. En creusant le sol, on trouva le corps de la Sainte presque à fleur de terre, et dans le plus parfait état de conservation. Cette découverte extraordinaire, et les nombreux miracles qui commencèrent alors à s'opérer sur son tombeau, ranimèrent dans les cœurs la dévotion envers la pieuse bergère. Son corps resta exposé pendant quelques jours à la vénération des fidèles, et fut ensuite renfermé dans une caisse de plomb gardée avec le plus grand respect, dans la sacristie de l'église. Cette caisse de plomb avait été offerte par une dame miraculeusement guérie en même temps que son fils, en réparant un outrage qu'elle avait fait au reste de l'humble Bergère. Deux autres reconnaissances furent faites en 1661 et en 1700, par ordre des archevêques de Toulouse. Chaque fois son corps fut trouvé dans le même état d'intégrité et de flexibilité, et de nouveaux miracles venaient confirmer ce prodige.

Mais en 1793, au milieu des troubles civils qui désolèrent la France, les précieuses reliques furent tirées de la caisse de plomb par des mains sacriléges et jetées dans une fosse, où, pour les détruire plus promptement, on les avait recouvertes de chaux vive. Malgré ces précautions, le corps fut retrouvé intact deux ans après, et il en sortit même quelques gouttes de sang. En 1820, on le transporta dans la nouvelle sacristie, et de là, en 1821, dans la chapelle de Saint-François. Pendant ces dernières années, pour obéir au décret d'Urbain VIII, on dut le placer hors de l'église, dans une construction qu'on avait élevée dans l'enceinte du cimetière contigu à l'église. Le 24 juin 1853, Germaine Cousin fut béatifiée, et par un décret, en date du 23 juillet 1865, le pape Pie IX la mit au nombre des Saints. La fête du dix-huitième anniversaire de la mort de saint Pierre a été choisie pour la cérémonie solennelle de la canonisation, à Rome, où elle a eu lieu en présence de plus de cinq cents évèques et d'un concours innombrable de peuple de toutes les nations du monde. (Extrait d'un supplément de la *Semaine catholique*, du 7 juillet 1867.)

—

TOULOUSE EN 1854

—

Germaine Cousin fut béatifiée, à Rome, le 24 juin 1853.

Cette béatification a été fêtée, à Toulouse, sous l'épiscopat de Mgr Mioland, qui ordonna un *triduum*, dont les solennités eurent lieu d'abord à l'église métropolitaine, les lundi, mardi et mercredi, 12, 13 et 14 juin.

Voici le Programme de la béatification de Germaine Cousin, que nous reproduisons comme document historique.

Le lundi 12, à huit heures et demie, le Chapitre se rendit processionnellement à l'Archevêché, avec MM. les curés de la ville et les autres membres du clergé pour recevoir Mgr l'Archevêque et l'accompagner à la métropole.

Le cortége partit de l'Archevêché à huit heures trois quarts, en chantant l'hymne *Veni Creator;* il se rendit directement au chœur de la cathédrale.

Lorsque Monseigneur fut arrivé au trône et revêtu de ses ornements pontificaux, le décret de Béatification a été publié solennellement.

Après cette publication, les reliques de la Bienheureuse ont été placées sur l'autel et ses images furent dévoilées.

Ce moment solennel a été annoncé par le son des cloches de la cathédrale et de toutes les paroisses de la ville : alors Monseigneur entonna le *Te Deum* et encensa les reliques. Au premier verset, le chœur se mit à genoux pour les vénérer : il se releva lorsque l'encensement fut terminé.

Après le *Te Deum*, on chanta l'antienne et le verset du Commun des Vierges non martyres, et l'oraison propre de la Bienheureuse.

Après l'antienne, une messe pontificale a été célébrée par Mgr l'Archevêque.

Le soir, à trois heures, on a chanté vêpres et complies, suivies du panégyrique de la Bienheureuse, par le supérieur des Missionnaires du Diocèse, le R. P. Caussette, et de la bénédiction du très Saint-Sacrement.

Le mardi 13, l'office commença aux mêmes heures; il fut célébré par Mgr l'évêque de Limoges. On observa le même cérémonial, sauf les exceptions suivantes : le matin, il n'y eut ni procession à l'Archevêché, ni lecture du décret de Béatification, ni chant du *Te Deum*. Le soir, le panégyrique a été prêché par la R. P. Chocarme, religieux de l'ordre des Frères-Prêcheurs.

Le mercredi, 14, l'office fut célébré par Mgr l'archevêque d'Auch. Le panégyrique fut prêché par le R. P. Corail, de la compagnie de Jésus.

En vertu d'un bref, en date du 30 mai 1853, Sa Sainteté le souverain Pontife Pie IX accorda une indulgence plénière à tous les fidèles qui, après s'être confessés et avoir communié, visiteraient la métropole l'un des trois jours du *triduum*, et y prieraient aux intentions accoutumées.

Le soir, il y eut une illumination générale. Toutes les maisons étaient ornées et pavoisées.

Puis, chaque paroisse du diocèse de Toulouse a célébré aussi un *triduum*.

TOULOUSE EN 1867

—

La canonisation de la bienheureuse Germaine Cousin a eu lieu, à Rome, le 29 juin, jour de la grande fête du dix-huitième Centenaire de saint Pierre, apôtre.

Mgr Desprez, archevêque de Toulouse, a fixé les solennités aux 28, 29 et 30 juillet 1867, par l'ordonnance que nous avons publiée ci-devant, et a arrêté le cérémonial suivant, par une autre ordonnance datée du 16 juillet.

Ordonnance de Monseigneur l'Archevêque de Toulouse, indiquant le programme des fêtes à célébrer en l'honneur de sainte Germaine, les 28, 29 et 30 juillet 1867.

NOUS JULIEN-FLORIAN-FÉLIX DESPREZ

Par la grâce de Dieu et du Saint-Siége Apostolique, Archevêque de Toulouse et de Narbonne, Primat de la Gaule Narbonnaise, Prélat assistant au Trône Pontifical, etc.,

Vu notre Mandement en date du 12 mai 1867 qui prescrit un *Triduum* des fêtes instituées à la gloire de Germaine Cousin ;

Considérant qu'il est de notre devoir de prendre des mesures afin de maintenir autant que possible l'ordre et le recueillement dans les diverses cérémonies qui auront lieu pendant le *Triduum*,

Nous avons ordonné et ordonnons ce qui suit :

Art. 1er. — Le Programme suivant des fêtes de sainte Germaine est adopté.

PROGRAMME DES FÊTES

Art. 2. — Le Dimanche 28 juillet, il y aura à la Métropole Messe Pontificale à 9 heures : après l'Evangile, lecture du Décret de Canonisation de la Sainte. Vêpres Pontificales à 3 heures, sermon prêché par Mgr l'Evêque de Rodez : Salut du très Saint-Sacrement.

Le Lundi 29 juillet, Messe Pontificale à 9 heures : à 3 heures Vêpres Pontificales, suivies d'un sermon prêché par Mgr Mermillod, évêque d'Hébron, et du Salut du très Saint-Sacrement.

Mardi 30 juillet, Messe Pontificale à 9 heures, suivie de la bénédiction Papale, à laquelle est attachée une indulgence plénière : à 3 heures, Vêpres Pontificales, suivies des Complies et de la Procession générale.

PROCESSION GÉNÉRALE

Art. 3. Les diverses Paroisses se rendront processionnellement à la Métropole à l'heure marquée. Pour
éviter l'encombrement et la confusion, elles n'entre-
ront pas dans l'église, elles attendront dans la rue, et
se placeront dans l'ordre fixé par leur rang hiérarchi-
que : celles qui doivent être en tête du Cortége arri-
veront quelques minutes avant les autres.

Les Paroisses seront distinguées par la couleur de
leurs oriflammes : ces couleurs sont les suivantes :

Pour Saint-Etienne, couleur rouge.
    Saint-Sernin,   bleue.
    La Daurade,   jaune ou or.
    Saint-Nicolas,   verte.
    La Dalbade,   blanche.
    Saint-Jérôme,   rose.
    Saint-Exupère,   rose et verte.
    Le Taur,   rouge et blanche.
    Saint-Pierre,   rouge et or ou jaune.
    Saint-Aubin,   blanche et verte.

Les Fidèles de l'un et de l'autre sexe qui assisteront
à la Procession, sont invités à porter une oriflamme à
à l'effigie ou aux initiales de la Sainte, et aux couleurs
fixées à leurs paroisses respectives.

Nous invitons les divers membres des Congrégations
religieuses d'Hommes et de Femmes établies à Toulouse, et qui ne sont point soumis aux lois de la clô-
ture, à rehausser par leur présence et par leur piété,
l'éclat de la Procession.

Pendant le cours de la Procession, on chantera autant que possible les Hymnes et les Cantiques indiqués
dans le Programme envoyé à MM. les Curés.

COURS DE LA PROCESSION

Art. 4. — La Procession sortira à 4 heures par la
grande porte de la Métropole : elle entrera dans la
rue Riguepels qu'elle parcourra jusqu'à l'allée Saint-

Etienne, suivra cette allée, fera le tour du Grand-Round, entrera dans la rue Ninau, place Saintes-Carbes, suivra les rues Perchepinte, Nazareth, les places Saint-Barthélemy et du Salin ; elle tournera ensuite à droite, suivra la rue Pharaon, le côté ouest de la place des Carmes, la rue des Filatiers, la place de la Trinité, les rues des Changes et Saint-Rome, le côté ouest de la place du Capitole, la rue du Taur, et entrera dans l'église de Saint-Sernin par la porte de l'orgue.

ORDRE DU CORTÉGE.

Un peloton de cavalerie ouvrira la marche ; un autre la fermera.

Les diverses paroisses de la ville, chacune avec sa Bannière, sa Croix, ses Etendards, ses Pavillons, ses Corbeilles, ses Pensions, ses Congrégations d'hommes et de femmes, son chœur de Chantres, son Clergé, se placeront dans l'ordre indiqué pour la paroisse Saint-Aubin.

Paroisse Saint-Aubin.

Bannière. — Suisse. — Bedeau.
Croix Paroissiale.
Congrégations des Filles en blanc.
Congrégations de Femmes.
Congrégations de Jeunes Gens.
Congrégations d'Hommes.
Pensionnat Saint-Joseph, avec sa musique.
Chœur de Chantres.
Clergé paroissial.
L'ordre du Cortége de chaque paroisse sera surveillé et maintenu par l'un de MM. les Vicaires faisant les fonctions de Maître de Cérémonies.

Nota. — L'ordre du Cortége, l'arrangement des divers éléments qui le composent sera pour chacune de ces paroisses conforme, autant que possible, au modèle tracé pour la paroisse Saint-Aubin.

PAROISSES DE LA VILLE DE TOULOUSE

Ordre de préséance.

Paroisses : Saint-Aubin, — Saint-Pierre, — le Taur, — Saint-Exupère, — Saint-Jérôme, — la Dalbade, Saint-Nicolas, — la Daurade, — Saint-Sernin, — la Métropole.

CONGRÉGATIONS RELIGIEUSES.

FEMMES : Petites-Sœurs-des-Pauvres ; — Sœurs de l'Immaculée-Conception, de Saint-Joseph, de la Sagesse, de la Présentation, du Calvaire, de la Croix, de Nevers, de l'Espérance, de la Charité, etc.

HOMMES : Les Frères des Ecoles chrétiennes ; — les RR. PP. Capucins, Dominicains, Jésuites, du Sacré-Cœur.

PROCESSION DES RELIQUES DE SAINT-SERNIN.

Corps de musique.

CHAPITRE MÉTROPOLITAIN.

Suisses, — Bedeaux.
Croix du Chapitre.
Clergé de la Métropole et Prêtres étrangers à la Ville ou au Diocèse.
Chœur de Chantres et enfants de la Maîtrise.
Groupe de fleuristes (ou jeunes enfants pour joncher le sol de fleurs et de feuillage) précédant la Relique de la Sainte.
Thuriféraires avec leurs encensoirs fumant.

RELIQUE DE SAINTE GERMAINE.

MM. les Curés de la Ville.
Le Chapitre.
Les Abbés mitrés.
Les Prélats assistants.

L'ARCHEVÊQUE OFFICIANT.

Les Autorités invitées.

La Procession ainsi disposée suivra l'itinéraire tracé plus haut ; elle s'arrêtera dans l'église Saint-Sernin, où la relique de sainte Germaine sera déposée, et où elle accroîtra le riche trésor de Reliques que possède déjà l'insigne Basilique.

La cérémonie se terminera par le chant d'un motet, par celui du *Te Deum* et par la bénédiction du très Saint-Sacrement.

Après la cérémonie, chaque Paroisse s'en retournera à son Eglise en bon ordre et en chantant des Psaumes et des Cantiques.

MM. les Ecclésiastiques des divers Séminaires et les Prêtres du Diocèse sont invités à se prêter, autant que ce sera nécessaire, pour porter en habit de chœur les Reliques des Saints. Pour mieux régler et assurer l'exercice de cette œuvre de piété, ils sont priés de vouloir bien se faire inscrire d'avance et sans tarder à la sacristie de Saint-Sernin.

Tous les habitants sont invités à orner et à pavoiser le devant de leurs maisons et leurs croisées, et de plus, à parasoler dans les rues où passera la Procession.

Nous les invitons aussi à illuminer chaque soir pendant le *Triduum*.

Donné à Toulouse, le 16 juillet 1867.

FLORIAN, Arc. de Toulouse.

Par Mandement de Monseigneur l'Archevêque :

CAUJOLLE,
Secrét.-Gén., Chan. Hon.

Ordre de la procession des saintes Reliques, dite des Corps-Saints, conservées et honorées dans l'insigne basilique de Saint-Sernin, de Toulouse.

Hic sunt vigiles qui custodiunt civitatem.

La bannière de l'insigne basilique est portée en tête.

Saint-Saturnin ou Sernin (le buste de), martyr, premier évêque de Toulouse.

2 Sainte Germaine (la châsse de). C'est un ossement du bras qui est ainsi porté aux processions. — Bannière blanche, avec un beau médaillon peint par M. Boilly (1).

3 Saints Martyrs (1re châsse des), renfermant des ossements de plusieurs saints et saintes, morts martyres. — Bannière rouge.

4 Saint Cyr et sainte Juliette sa mère. Buste, soutenu par deux anges, porté par de jeunes enfants. — Bannière blanche.

5 Saints Martyrs (2e châsse des), contenant, comme la première, différents ossements de saints et de saintes martyrs.

6 Sainte Agathe, vierge et martyre (le buste de). — Bannière blanche.

7 Saint Julien, l'hospitalier (la châsse de), contenant une relique de ce saint.

8 Sainte Luce ou Lucie (le buste de). — Bannière blanche.

9 Sainte Victoire, sœur de saint Asciscle, martyr (le buste de). — Bannière blanche.

10 Sainte Suzanne, de Babylonne (la châsse de). — Bannière blanche.

11 Sainte Marguerite, vierge et martyre (le buste de). — Bannière blanche.

12 Saint Louis de Gonzague (la châsse de), contenant une relique, portée par les élèves du Petit-Séminaire.

13 Saint Asciscle, frère de sainte Victoire, martyr (le buste de).

14 Saint Etienne, diacre, premier martyr, patron du diocèse et de la Métropole de Toulouse (reliquaire en argent de), contenant un ossement et une pierre teinte du sang de ce saint, et qui a servi à sa lapidation. — Bannière rouge.

15 Saints Innocents (la châsse des), portée par de jeunes enfants. — Bannière blanche.

(1) Pour la procession générale de la translation de la relique insigne de sainte Germaine, du 30 juillet, la châsse sera portée sous un pavillon, la dernière de toutes.

16 Saint Blaise, évêque, martyr (la châsse de). —
Bannière rouge.

17 Saint Georges, martyr (la statue, dont la tour ren-
ferme une partie du crâne de). — Bannière rouge.

18 Saint Orens, évêque d'Auch (la châsse de). Ce saint
évêque est venu à Toulouse en 422. — Bannière
verte.

19 Saint Guillaume, duc d'Aquitaine (la châsse de)
surmontée d'un faisceau d'armes anciennes et
d'un casque de duc, contenant un bras du duc.

20 Saint Hilaire, 3e évêque de Toulouse (le buste de).
— Bannière verte.

21 Saint Gilles, abbé, mort vers l'an 547. — Bannière
blanche.

22 Saint François de Paule, confesseur, religieux Mi-
nime (la châsse de), contenant un ossement donné
par le pape Pie IX, en 1862, une écuelle et une
calotte dont se servait le saint apôtre calabrais,
et conservés autrefois chez les Minimes de Toulouse. — Bannière blanche, avec broderies.

23 Saint Sylve, 5e évêque de Toulouse (le buste de).
— Bannière verte.

24 Saint Pie V, pape, de l'ordre de Saint-Dominique
(le buste de). — Bannière blanche.

25 Saint Edmond, roi d'Angleterre, martyr (la châsse
de), contenant la tête de ce saint monarque. —
Bannière rouge.

26 Saint Grégoire-le-Grand, pape (le buste de), renfermant un ossement de ce saint pontife. — Bannière blanche.

27 Saint Papoul, disciple de saint Saturnin, martyr
(la châsse de), renfermant la tête. — Bannière
rouge.

28 Saint Gilbert, fondateur de l'ordre religieux des
Gilbertins, mort en 1190. Son corps est con-
servé dans les cryptes de Saint-Sernin. — Bannière blanche.

29 Saint Honorat, 2e évêque de Toulouse (le buste de).
— Bannière verte.

30 Saint Germier, 10e évêque de Toulouse, patron du

Grand-Séminaire (le buste de), porté par les Séminaristes.

31 Saints Martyrs (la 3e chàsse des), contenant, comme les deux précédentes, divers òssements de quelques saints et saintes.

32 Saint Vincent de Paul, apôtre de la charité chrétienne (le buste de). Ce saint a fait ses études de théologie au collége de Saint-Raymond, à Toulouse. — Bannière blanche, avec broderies, donnée par la société de Saint-Vincent-de-Paul.

33 Saint Raymond, abbé de Saint-Sernin de Toulouse (le buste de). — Bannière blanche.

34 Saints Martyrs (la 4e chàsse des), contenant, comme les trois précédentes, des ossements divers de plusieurs saints et saintes.

35 Saint Honest, disciple de saint Saturnin, originaire de Nîmes, mort à Toulouse (le buste de). — Bannière blanche.

36 Saint Louis d'Anjou, évêque de Toulouse, de l'ordre des Franciscains (le reliquaire en argent de), renfermant un ossement de ce saint, donné par l'évêque de Valence (Espagne) à la basilique de Saint-Sernin. Mgr Desprez en fit la translation solennelle, le 15 mai 1862. Il est porté ordinairement par les Capucins. — Bannière verte et pavillon en bois doré.

37 Saint Exupère, 6e évêque de Toulouse (le buste de). — Bannière verte.

38 Saint Thomas d'Aquin, docteur, de l'ordre de Saint-Dominique (la châsse de), contenant sa tête, portée ordinairement par les Dominicains. — Bannière blanche aux armes de la maison d'Aquin.

39 Saint Barnabé, apôtre (le buste de). Bann. rouge.

40 Saint Simon, apôtre de Jésus (buste de). — Bannière rouge.

41 Saint Jude, apôtre (le buste de). — Même bannière.

42 Saint Jacques-le-Mineur, apôtre de Jésus (le buste de). — Bannière rouge.

43 Saint Philippe, apôtre de Jésus (le buste de). — Bannière rouge double.

44 Saint Pierre et saint Paul, apôtres de Jésus (la châsse de). — Bannière rouge double.

45 Saint Jacques-le-Majeur, apôtre de Jésus (le buste de). — Bannière rouge (1).

46 La sainte Vierge, dont la statue contient un morceau d'une robe de la Mère du Rédempteur.

47 Sainte Croix (la relique de la), placée sur un pavillon, porté par quatre abbés ayant l'étole rouge en sautoir.

48 La sainte Épine de la couronne de Jésus, dans un reliquaire en argent placé sous un beau pavillon, porté par quatre abbés en dalmatiques rouges.

PRÉLATS qui doivent assister aux fêtes de Toulouse :

Nos Seigneurs de Bordeaux, de Toulouse, d'Albi, d'Avignon, de Poitiers, d'Hébron, de Cahors, de Carcassonne, de Rodez, de Montauban, d'Angoulême, de Limoges, de Pamiers, de Nîmes, d'Aire.

Les abbés mitrés de Saint-Bertrand-de-Comminges et de la Trappe.

CHANTS ET MUSIQUE.

PREMIER JOUR : *Messe de Hummel* en *mi bémol*, à grand orchestre, chœur d'hommes et la maîtrise. — *Aux Vêpres : Magnificat*, à grand orchestre, par Joseph Yvin, de Narbonne ; au Salut, *Oratorio*, à grand orchestre, par M. Paul Mériel, directeur du Conservatoire de Toulouse. Après le Salut : *Cantate en l'honneur de sainte Germaine*, par M. l'abbé Estellé, maître de chapelle de la métropole de Toulouse.

DEUXIÈME JOUR : *Messe de Dumont*, avec grand chœur de chantres et quatuor d'instruments. — *Aux Vêpres : Magnificat*, à grand orchestre, par M. Becquié de Peyreville, organiste à Saint-Jérôme et professeur au Conservatoire ; au Salut, le même *Oratorio* que le

(1) À la suite de saint Jacques-le-Majeur, pour la procession du 30 juillet, il faut placer la relique de sainte Germaine.

jour précédent. Après le Salut, la *Cantate à sainte Germaine*.

Troisième jour : *Messe de Chérubini*, dite *du Sacre*. — Après les Vêpres, à la procession, on chantera les Litanies des Saints, avec l'invocation souvent répétée de *sancta Germana, ora pro nobis* ; l'Hymne des Vierges : *Jesu corona Virginum*, et les cantiques les plus populaires : *Cité des Saints* ; — *Pourquoi ces fleurs, ces chants de fête* ; — *Chantons Chrétiens l'hymne de l'allégresse* (chez Garrigues, libraire, rue Boulbonne, 17). *Elle fut ignorée solitaire et cachée* (chez Devers-Armanné, libraire, rue Saint-Rome, 7).

Dans la basilique de Saint-Sernin : Un motet et le *Te Deum* en musique.

DESCRIPTION DE LA CHASSE.

Mgr Desprez, archevêque de Toulouse, a fait personnellement hommage à sainte Germaine de la châsse qui doit renfermer un des ossements de l'humble Bergère de Pibrac, et du baldaquin ou pavillon sous lequel elle sera portée, à l'avenir, aux processions des Corps-Saints de la basilique de Saint-Sernin.

Le genre architectural de cette châsse appartient au style roman ; sa forme est un carré long : elle est ouverte de huit portiques garnis de glaces, dont trois de chaque côté de façade, et un à chaque extrémité ; entre les cintres des portiques et la corniche, se trouve la représentation d'une ville fortifiée. Le dessus est recouvert d'écailles et d'émaux ; l'intérieur est garni de velours rouge et d'un carreau de même couleur sur lequel est exposé un des ossements d'un bras de sainte Germaine.

Ce joli reliquaire sort de la maison Joseph Favier, orfèvre, à Toulouse.

La composition, l'ornementation et la sculpture du baldaquin ou pavillon, sont l'œuvre de M. Mathieu, artiste sculpteur, de Toulouse.

DÉCORATIONS.

Le chœur de la Métropole est tout tendu de draperies blanche et rouge ; à chaque ouverture ogivale flotte une grande bannière aux initiales de sainte Germaine : S. G. ; sur chaque pilier est placé un médaillon aux chiffres de la glorieuse Bergère : des guirlandes de verdures et de fleurs retombent en festons des cintres et de la voûte. L'illumination sera éblouissante pendant les cérémonies religieuses. Le portail de la cathédrale est surmonté d'un grand tableau représentant sainte Germaine ; il est orné avec goût.

A Saint-Sernin, toutes les reliques des Saints et des Saintes seront exposées à la vénération des fidèles, durant les trois jours du *Triduum*. La basilique sera décorée comme pour les grandes solennités. Les illuminations de l'intérieur et de l'extérieur seront splendides. On lira dans le chœur, le troisième jour, en grandes lettres de flammes : SANCTA GERMANA, ORA PRO NOBIS.

ILLUMINATIONS

Les illuminations auront lieu durant les trois jours du *Triduum*. D'après les préparatifs qui se font, nous sommes certains que Toulouse sera entièrement dessinée par des lignes de feu, dont les flammes aux couleurs variées s'harmoniseront agréablement avec les belles nuances des guirlandes et des oriflammes à l'effigie et aux initiales de sainte Germaine. A certains hôtels on doit exposer sur les fenêtres des statues, des transparents, des tableaux, etc., représentant l'humble Bergère, ou une scène de sa vie ou un de ses miracles. Ce sera féerique.

Nous recommandons plus particulièrement pour les illuminations : la Métropole, la Basilique, la Dalbade, le Capitole, l'Archevêché, le collége Sainte-Marie ; la place Saint-Georges, et la maison Sainte-Germaine, rue Saint-Rome, 1 ; les rues du Vieux-Raisin, de Nazareth, Mage, Tolosane, Fermat, Saintes-Scarbes, Ninau, du Taur, etc.

DES INSIGNES RELIQUES DE SAINTE GERMAINE

Plusieurs ossements de sainte Germaine ont été portés à Rome : le plus notable a été offert en présent au Saint-Père : un autre a été donné au vénérable chapitre de la basilique de Saint-Pierre, pour être exposé solennellement durant la grande fête du 29 juin ; les autres plus petits ont été distribués aux cardinaux et aux prélats qui ont concouru plus directement au procès de la canonisation de l'humble Bergère. Ces dons précieux ont été scellés des sceaux de l'archevêché de Toulouse.

A Toulouse, la relique la plus importante est celle qui a été destinée à la basilique de Saint-Saturnin : c'est un ossement entier d'un bras de la glorieuse Bergère de Pibrac. La Basilique possédait déjà un doigt de la Bienheureuse, renfermé dans un joli reliquaire en argent et déposé dans le tabernacle de la chapelle du Christ des Croisés, où se trouvent deux bas-reliefs sculptés sur pierre : l'un représente la béatification de Germaine Cousin. Sur l'autel de ce bas-relief est la représentation exacte du reliquaire contenant le doigt ; l'autre, nous montre tous les Saints, dont les reliques sont conservées dans la Basilique, recevant la Bienheureuse. La métropole de Saint-Etienne possède aussi une relique de sainte Germaine. Un assez grand nombre d'églises de la ville et du diocèse de Toulouse ont reçu en présent des parcelles d'ossements.

A Pibrac est conservée la majeure partie du corps de la Sainte ; il a été déposé, après la béatification, dans une superbe châsse donnée par M. l'abbé Lamarque, ancien vicaire de l'église de Saint-Sernin, de Toulouse.

Toulouse. — Typ. L. HÉBRAIL, DURAND et C.

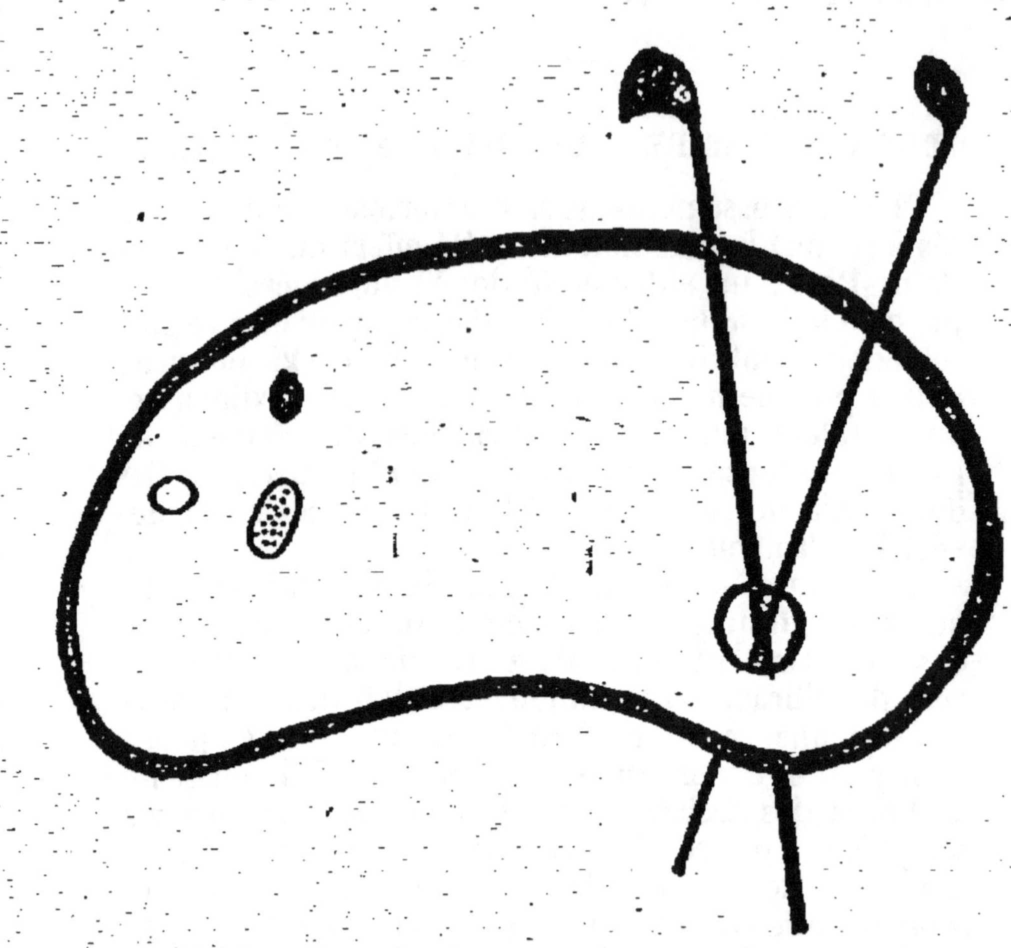